# KISSENKULT

Lieblingskissen selber nähen

CREATISSIMO
EINFACH.SELBER.MACHEN.

EMF

EIN BUCH DER
EDITION MICHAEL FISCHER

Bibliografische Information der Deutschen Bibliothek.

Die Deutsche Bibliothek verzeichnet diese Publikation in der deutschen Nationalbibliografie.

Detaillierte bibliografische Daten sind im Internet über http://www.d-nb.de/ abrufbar.



Ein Buch der Edition Michael Fischer

1. Auflage 2014



Covergestaltung und Layout: Tim Anadere
Satz: Friederike Winter
Redaktion und Lektorat: Marie-Helene Steghöfer

ISBN 978-3-86355-255-8

Printed in Slovakia

www.emf-verlag.de

# VORWORT

Als ich das Angebot erhielt, ein Buch über das Kissennähen zu schreiben, habe ich mich sehr gefreut – mein erstes Buchprojekt, wie spannend! Ich habe mich gleich in die Auswahl der Kissen gestürzt. Dabei habe ich bewusst unkomplizierte Designs ausgesucht, damit das Nähen auch Anfängern Spaß bereitet und die Projekte im Handumdrehen fertig sind. Experimentieren Sie mit den Modellen, mit Stoffen, Borten, Knöpfen und allem, was Ihnen noch in die Hände kommt – frei nach dem Motto: Geht nicht gibt's nicht! Ich hoffe, dass Sie Freude beim Nacharbeiten haben, und wünsche Ihnen dabei viel Spaß und gutes Gelingen!

Wenn Sie Lust haben, mir Ihre fertigen Kissenprojekte zu zeigen, können Sie Ihre Bilder gerne in meiner facebook-Gruppe „DIY leni pepunkt." hochladen – dort findet ein reger Austausch unter Kreativen statt. Ich freue mich schon auf Ihre Bilder!

Ihre

Yvonne Jahnke

4
2
6
3
7
1
6

# GRUNDAUSSTATTUNG

Neben Ihrer Nähmaschine sollten Sie für die Umsetzung der Projekte in diesem Buch folgende Werkzeuge zur Hand haben:

## 1. SCHEREN

Eine gute Schneiderschere hat zwar ihren Preis, ist aber wirklich Gold wert! Schneiden Sie damit niemals Papier, dadurch wird sie stumpf. Sinnvoll ist auch eine kleine Handarbeitsschere, mit der Sie Nahtzugaben einschneiden oder Fäden kappen.

## 2. GARNE

Für die Projekte im Buch verwenden Sie am besten sogenannten Allesnäher. Dieses Garn besteht aus Polyester und lässt sich sehr gut verarbeiten. Es ist leicht elastisch und reißfest. Zum Sticken oder für Ziernähte kann Knopflochgarn verwendet werden. Es ist etwas dicker und eignet sich daher auch für robustere Materialien.

## 3. MASSBAND UND HANDMASS

Das Maßband benötigen Sie, um Längen und Abstände auszumessen. Ein Handmaß ist äußerst praktisch, wenn Sie an der Nähmaschine noch schnell etwas nachmessen möchten.

## 4. STECKNADELN

Geben Sie auch hier lieber einen Euro mehr aus. Billige Nadeln haben oft Widerhaken und zerstören damit Ihren Stoff. Stecken Sie Stecknadeln immer quer zur späteren Naht ein, dann können Sie mit der Maschine einfach darübernähen.

## 5. HANDNÄHNADELN

Sie werden zum Annähen von Knöpfen und anderen Zierelementen sowie für Stickereien benötigt.

## 6. TRICKMARKER ODER SCHNEIDERKREIDE

Diese Helfer benötigen Sie zum Übertragen von Markierungen und zum Anzeichnen von Knopflöchern und anderen wichtigen Stellen. Ich verwende gerne Marker, die nach einiger Zeit von selbst verschwinden. Es gibt aber auch wasserlösliche Marker. Einige arbeiten lieber mit Schneiderkreide, die es in unterschiedlichen Farben und Formen gibt – probieren Sie einfach aus, womit Sie am besten zurechtkommen.

## 7. NAHTTRENNER

Sollte doch mal etwas schieflaufen, ist die Naht mit diesem praktischen Werkzeug schnell wieder aufgetrennt. Investieren Sie in einen guten Nahttrenner – mit einem billigen ruinieren Sie beim Auftrennen womoglich Ihren Stoff!

# WICHTIGE HINWEISE UND TECHNIKEN

## VERSÄUBERN DER EINZELNEN STOFFTEILE

Bevor Sie mit dem Nähen beginnen, versäubern Sie stets alle Stoffteile mit einer Zickzacknaht. Achten Sie beim Nähen darauf, dass die Nadel links in den Stoff einsticht, rechts knapp neben der Stoffkante. Man nennt diese Technik auch „ketteln“.

## NAHTZUGABEN

Alle Projekte in diesem Buch haben eine Nahtzugabe von 0,5 cm, die in den Schnittteilen und in den angegebenen Maßen bereits inkludiert ist. Nähen Sie die Stoffe, sofern in der Anleitung nicht anders vermerkt, einfach immer „nähfußbreit“ zusammen (der Nähfuß schließt mit der Stoffkante ab) – das entspricht in aller Regel den 0,5 cm.

## BÜGELN

Das Bügelbrett sollte bei Ihrer Nähsession immer aufgebaut sein! Denn: Gut gebügelt ist halb genäht! Bügeln Sie Ihre Arbeit nach jedem Schritt. Wenn Sie zwei Stoffe zusammengenäht haben, bügeln Sie hinterher die Nahtzugaben auf der linken Stoffseite auseinander, das ergibt ein sauberes Nahtbild. Bügeln Sie vor allem bei den Wendeöffnungen die Nahtzugaben zur linken Stoffseite hin ein, so fällt das spätere Vernähen viel leichter.

## MATRATZENSTICH

Zum Schließen von Wendeöffnungen verwende ich gerne den Matratzenstich. Bügeln Sie zuerst die Nahtzugaben der Wendeöffnung zur linken Stoffseite um. Fädeln Sie Garn in eine Handnähnadel ein, legen Sie das Garn dann doppelt. Stechen Sie die Nadel auf einer Seite Ihrer Wendeöffnung genau in den Bügelfalz ein, führen Sie sie im Falz etwa 5–6 mm im Bügelfalz weiter und stechen Sie sie auch genau im Bügelfalz wieder nach außen. Stechen Sie dann genau gegenüber in den anderen Bügelfalz ein und wiederholen Sie den Vorgang. So entsteht eine nahezu unsichtbare Naht. Verknoten Sie das Garn sicher am Anfang und am Ende.

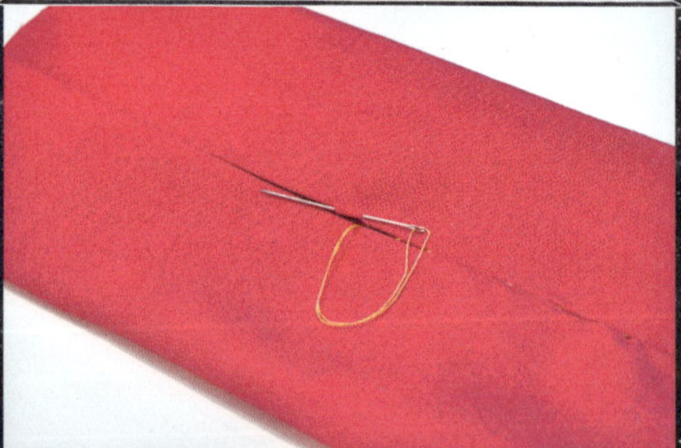

## APPLIZIEREN

Zum Applizieren eignet sich Vliesofix hervorragend.

**1.** Zeichnen Sie das gewünschte Motiv zuerst auf die Papierseite des Vliesofix auf (Buchstaben und Motive bitte spiegelverkehrt).

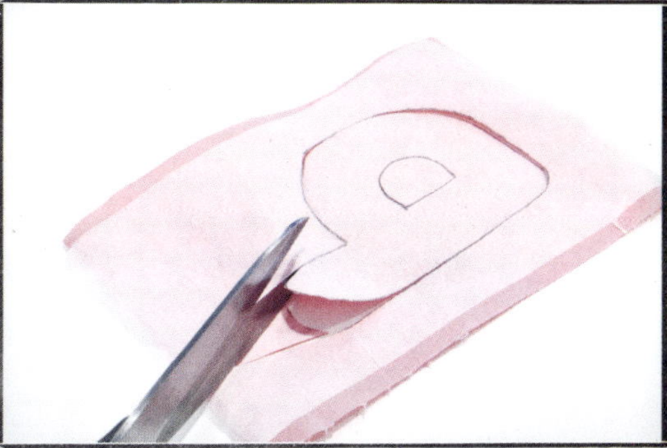

**2.** Bügeln Sie dann Ihren Stoff mit der linken Stoffseite auf die beschichtete Seite des Vliesofix auf. Schneiden Sie das Motiv anschließend aus.

**3.** Ziehen Sie nun das Papier vom Vliesofix ab und bügeln Sie das Motiv mit der zurückbleibenden Beschichtung auf den Stoff.

**4.** Nähen Sie das Motiv zum Schluss noch mit Zickzackstich auf dem Untergrund fest. Dabei sticht die Nadel links in den Stoff des Motivs ein, rechts knapp neben der Stoffkante.

Schwierigkeitsgrad: ***

# HAPPY ROLL

**Die Stickerei ist zwar etwas aufwendiger, dafür verleiht sie der Nackenrolle aber auch das gewisse Etwas! Und der Spruch lädt ja geradezu zum Entspannen ein – oder lieben Sie das süße Nichtstun etwa nicht?**

## Material:

2 Stücke gewebter Baumwollstoff, je 29 x 50 cm (für die beiden Seitenteile)
Gewebter Baumwollstoff, 24 x 50 cm (für das Mittelteil)
4 Bänder, je 32 cm lang, 1–2 cm breit
Knopflochgarn oder Sticktwist (für die Stickerei)
Handnähnadel
Nackenrolleninlay, ca. 45 cm lang, 15 cm Durchmesser
Farblich passendes Nähgarn
Schneiderkreide oder Trickmarker, Stecknadeln, Schneiderschere, Maßband

1. Schreiben Sie mit dem Trickmarker einen Spruch Ihrer Wahl mittig auf das hochkant liegende 24 x 50 cm große Stoffstück. Sie können dabei eine ausgedruckte Vorlage zu Hilfe nehmen.

2. Sticken Sie den Schriftzug (ggf. mit doppelt gelegtem Garn) von Hand mit Steppstich nach: Beginnen Sie mit einem etwa 3 mm langen Stich auf der rechten Stoffseite. Führen Sie die Nadel auf der linken Stoffseite 3 mm weiter, stechen Sie zurück auf die rechte Stoffseite und genau dort wieder ein, wo der vorherige Stich endet.

3. Nähen Sie die beiden 29 x 50 cm großen Seitenteile rechts und links an das bestickte Mittelteil.

4. Bügeln Sie die beiden kurzen Seiten der Arbeit zweimal 1 cm zur linken Stoffseite hin um und nähen Sie den Saum knappkantig fest.

5. Legen Sie die Arbeit mit der rechten Stoffseite nach oben vor sich hin. Stecken Sie an der unteren langen Kante die Bänder fest, je zwei Stück im Abstand von 11 cm zum rechten bzw. linken Kissenrand.

6. Falten Sie die Arbeit mittig der Länge nach, der Stoff liegt dabei rechts auf rechts, und nähen Sie die lange Kante zusammen. Dabei fassen Sie die Bänder gleich mit. Kissenhülle wenden und Inlay einlegen.

Schwierigkeitsgrad: *

# BLING BLING!

**Mit dem glitzernden Paillettenstern macht dieses Kissen nicht nur zu Weihnachten so richtig was her – und sorgt als Geschenk für blitzende Augen bei großen und kleinen Mädchen.**

## Material:

**Gewebter Baumwollstoff, 41 x 41 cm (für die Vorderseite)**
**2 Stücke gewebter Baumwollstoff, je 41 x 21,5 cm (für die Rückseite)**
**Paillettenstoff, 20 x 20 cm (für die Applikation)**
**Farblich passender Reißverschluss, 40 cm lang**
**Kisseninlay, 40 x 40 cm**
**Farblich passendes Nähgarn**
**Schneiderkreide oder Trickmarker, Stecknadeln, Schneiderschere, Maßband**

**1.** Schneiden Sie aus dem Paillettenstoff eine Sternform (Vorlage siehe Schnittmusterbogen) zu; setzen Sie dabei am besten eine (Sonnen-)Brille auf, um Ihre Augen vor Paillettensplittern zu schützen. Nähen Sie den Paillettenstern mittig auf die Kissenvorderseite.

**2.** Dann legen Sie eines der 41 x 21,5 cm großen Stoffstücke für die Kissenrückseite mit der rechten Stoffseite nach oben vor sich hin und platzieren Sie den Reißverschluss mit dem Schieber nach unten an einer langen Kante.

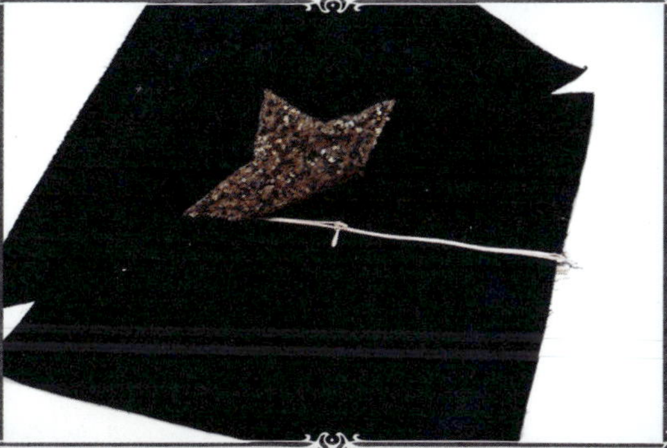

**3.** Nähen Sie den Reißverschluss (am besten mit dem Reißverschlussfuß der Nähmaschine) fest, nähen Sie dabei 2–3 mm neben den Zähnchen des Reißverschlusses. Klappen Sie den Stoff anschließend nach rechts um und steppen Sie den Reißverschluss nochmals von der rechten Stoffseite ab. Nähen Sie nun das zweite 41 x 21,5 cm große Stoffstück auf gleiche Weise auf der anderen Seite des Reißverschlusses fest.

**4.** Legen Sie die fertige Kissenrückseite mit der rechten Stoffseite nach oben vor sich hin, öffnen Sie den Reißverschluss zur Hälfte (damit Sie das Kissen gleich über diese Öffnung auf rechts wenden können) und legen Sie die Kissenvorderseite rechts auf rechts darauf.

**5.** Nun das Kissen ringsherum zusammennähen, wenden und bügeln. Legen Sie zum Schluss das Kisseninlay ein.

Schwierigkeitsgrad: ***

# ROCK IT!

**Für alle Luftgitarrenhelden – mit diesem rockigen Gitarrenkissen lebt die Liebe zum Rock 'n' Roll im Wohnzimmer neu auf!**

## Material:

Gewebter Baumwollstoff, ca. 80 x 90 cm (für die Gitarre)
Gewebter Baumwollstoff, ca. 25 x 35 cm (für die Schlagbrett-Applikation)
3 Stücke gewebter Baumwollstoff, je 8 x 3 cm (für die Tonabnehmer-Applikationen)
Vliesofix, ca. 25 x 40 cm
4 Kordeln (Durchmesser 3 mm), je ca. 80 cm lang (für die Gitarrensaiten)
7 Knöpfe, 0,7–1 cm Durchmesser
Gurtband, 2 cm breit, 90 cm lang
Füllwatte
Farblich passendes Nähgarn
Schneiderkreide oder Trickmarker, Stecknadeln, Schneiderschere, Maßband

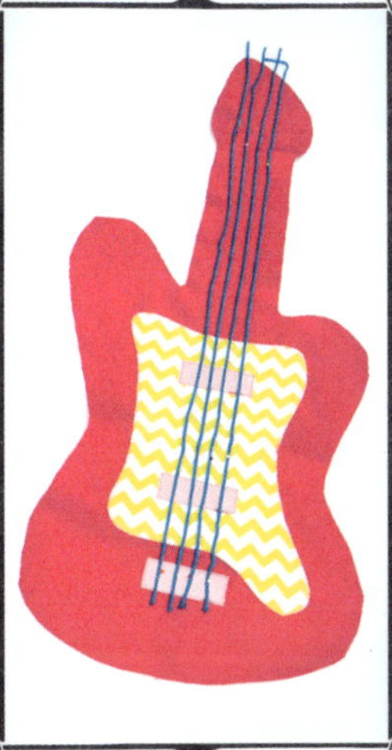

**1.** Schneiden Sie die Schnittteile für die Gitarre gemäß den Vorlagen auf dem Schnittmusterbogen aus den Stoffstücken zu. Applizieren Sie das Schlagbrett und die Tonabnehmer auf der späteren Vorderseite der Gitarre (siehe Seite 7). Stecken Sie nun die vier Kordeln am untersten Tonabnehmer und am oberen Drittel des Gitarrenhalses fest.

**2.** Nähen Sie die Kordeln anschließend auf ganzer Länge mit einem breiten Zickzackstich fest. Verknoten Sie dann die Kordelenden am unteren Tonabnehmer. Nähen Sie drei Knöpfe als Klangregler auf dem Schlagbrett an.

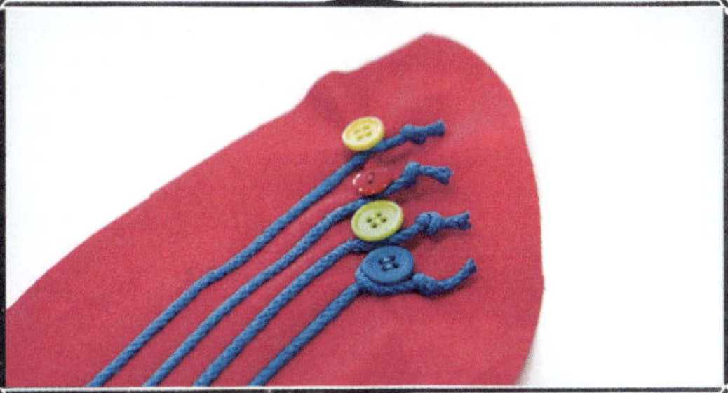

**3.** Nähen Sie am Gitarrenkopf vier Knöpfe an, wickeln Sie die losen Kordelenden um diese herum und verknoten Sie die Endstücke.

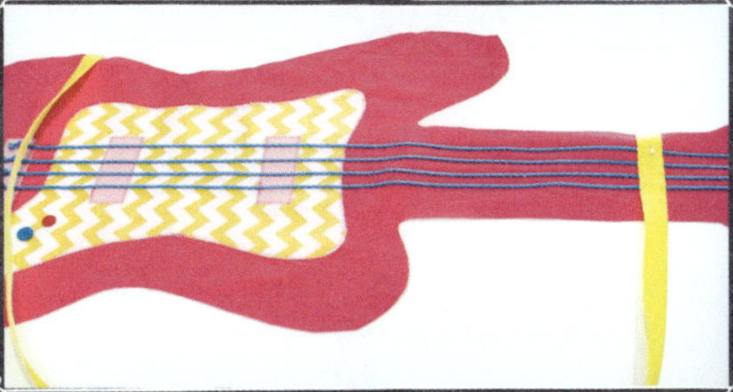

**4.** Für den Umhängegurt stecken Sie das Gurtband am oberen Rand der Gitarre auf der rechten Stoffseite fest. Die Enden des Gurtbands sollten etwa 1 cm über den Rand hinausstehen.

**5.** Legen Sie das Gurtband so auf die rechte Stoffseite der Kissenvorderseite, dass es gleich beim Nähen nicht an falscher Stelle in die Naht gerät. Legen Sie anschließend die Kissenrückseite rechts auf rechts auf und nähen Sie die Gitarre ringsherum zusammen. Belassen Sie dabei eine etwa 10 cm lange Wendeöffnung.

**6.** Stopfen Sie die Gitarre mit Füllwatte aus und schließen Sie dann die Wendenaht mit dem Matratzenstich wie auf Seite 6 beschrieben.

Schwierigkeitsgrad: ***

# FRUCHTIGES APFELKISSEN

Apfelsaft, Apfelkuchen – jetzt wird's
Zeit für Apfelkuscheln!
Ob in der Küche, im Wohn- oder Kinderzimmer,
wo möchten Sie am liebsten mit
diesem „leckeren" Kissen schmusen?

## Material:

2 Stücke gewebter Baumwollstoff, je 35 x 30 cm (für den Apfel)
2 Stücke gewebter Baumwollstoff, je 15 x 20 cm (für das Blatt)
Kleiner Rest gewebter Baumwollstoff, 10 x 10 cm (für die Herzapplikation)
Volumenvlies, 15 x 20 cm (für das Blatt)
Füllwatte
Farblich passendes Nähgarn
Schneiderkreide oder Trickmarker, Stecknadeln, Schneiderschere

**1.** Schneiden Sie aus den 35 x 30 cm großen Stoffstücken zweimal die Apfelform (Vorlage siehe Schnittmusterbogen) zu. Die herzförmige Applikation (Vorlage siehe Schnittmusterbogen) schneiden Sie aus dem Stoffrest zu. Applizieren Sie das Herz wie auf Seite 7 beschrieben auf eine Apfelform.

**2.** Legen Sie das Volumenvlies vor sich hin und legen Sie die beiden 15 x 20 cm großen Stoffstücke für das Blatt rechts auf rechts darauf. Zeichnen Sie die Blattkontur (Vorlage siehe Schnittmusterbogen) auf das obere Stoffstück und nähen Sie direkt auf der aufgezeichneten Kontur alle drei Lagen zusammen. Der Blattstiel wird dabei unten nicht geschlossen, er dient später als Wendeöffnung.

**3.** Schneiden Sie nun das Blatt mit 0,5 cm Nahtzugabe aus und schneiden Sie die engen Stellen am Blattstiel bis knapp vor die Naht ein (nicht in die Naht hineinschneiden!).

**4.** Wenden Sie das Blatt auf rechts und nähen Sie 0,5 cm vom Rand entfernt nochmal die Kontur des Blatts nach. Nähen Sie außerdem eine gerade Naht mittig auf das Blatt.

**5.** Legen Sie nun die Apfelform mit der Herzapplikation mit der rechten Stoffseite nach oben vor sich hin, legen Sie das mittig gefaltete Blatt schräg darauf und stecken Sie es mit wenigen Stecknadeln fest.

**6.** Anschließend legen Sie die zweite Apfelform rechts auf rechts darauf.

**7.** Nähen Sie nun die beiden Stoffe rundherum zusammen. Belassen Sie auf der linken Seite eine etwa 10 cm lange Wendeöffnung.

**8.** Schneiden Sie die obere und untere Rundung des Apfels bis knapp vor die Naht mehrmals ein.

**9.** Wenden Sie den Apfel, füllen Sie ihn mit Füllwatte und schließen Sie die Wendeöffnung mit dem

Schwierigkeitsgrad: *

# SETZ DICH!

**Endlich Stuhlkissen, die perfekt zur Einrichtung passen! Und das Beste: Diese Sitzauflagen sind so einfach gemacht, dass Sie Ihren Stühlen ruhig öfter mal ein neues Gewand gönnen können.**

## Material:

**Gewebter Baumwollstoff, 41 x 41 cm (für die Oberseite)**
**Gewebter Baumwollstoff, 41 x 42,5 cm (für die Unterseite)**
**Gewebter Baumwollstoff, 41 x 17 cm (für die Unterseite)**
**4 Bänder, je 30 cm lang, 1 cm breit (oder selbst genäht, siehe Schritt 1)**
**Kisseninlay, 40 x 40 cm**
**Farblich passendes Nähgarn**
**Schneiderkreide oder Trickmarker, Stecknadeln, Schneiderschere, Maßband**

**1.** Wenn Sie die Bänder selbst nähen: Schneiden Sie vier Streifen von 32 cm Länge und 4 cm Breite aus dem Kissenstoff zu. Falten und bügeln Sie alle Kanten 1 cm zur linken Stoffseite hin um. Falten Sie anschließend die Bänder nochmals mittig der Länge nach und nähen Sie die offenen Kanten zusammen.

**2.** Säumen Sie eine der kürzeren Kanten des 41 x 42,5 m großen Stoffstücks für die Kissenunterseite, indem Sie den Stoff zweimal um 1 cm zur linken Stoffseite hin einschlagen und gut bügeln (das Stoffstück misst jetzt 41 x 40,5 cm). Legen Sie jeweils 7 cm von der rechten bzw. linken Stoffkante entfernt ein Band in den Falz ein. Nähen Sie den Saum fest, die Bandenden werden dabei mit eingefasst.

**3.** Säumen Sie eine der längeren Kanten des 41 x 17 cm großen Stoffstücks für die Kissenunterseite wie in Schritt 2 beschrieben (der Stoff misst dann 41 x 15 cm).

**4.** Stecken Sie nun auf der rechten Stoffseite des 41 x 41 cm großen Stoffstücks für die Kissenoberseite jeweils 7 cm von der rechten bzw. linken Stoffkante entfernt die übrigen beiden Bänder fest. Dann legen Sie das kleinere Teil der Kissenrückseite rechts auf rechts darauf. Nähen Sie die beiden Stoffe an der Kante mit den Bändern zusammen.

**5.** Klappen Sie die eben zusammengenähten Stoffstücke so um, dass die linken Stoffseiten aufeinander zu liegen kommen, und stecken Sie das kleinere Stoffstück gut am größeren fest.

**6.** Jetzt legen Sie das letzte Stoffstück rechts auf rechts darauf und nähen die Teile an den Kissenseiten und am nicht gesäumten Rand zusammen.

**7.** Um dem Kissenbezug eine dreidimensionale Form zu geben, legen Sie die untere Naht und die Seitennaht auf beiden Seiten so zusammen, dass am Ende ein kleines Dreieck entsteht, das Sie dann 2 cm von der Ecke entfernt quer zur Naht abnähen. Schneiden Sie das Dreieck anschließend ab und versäubern Sie den Schnitt mit Zickzackstich.

**8.** Zum Schluss den Bezug wenden, gut bügeln, das Kisseninlay einlegen und am Stuhl festbinden.

Schwierigkeitsgrad: **

# OOOMM!

**Für den Lotussitz im Yoga ist dieses Kissen unerlässlich. Und dann sieht es auch noch so entzückend aus, da macht das Meditieren doppelt Spaß!**

## Material:

2 Stücke gewebter Baumwollstoff, je 55 x 30 cm (für die Ober- und Unterseite)
Gewebter Baumwollstoff, 80 x 20 cm (für die Rückseite)
Styroporkügelchen (Ø 3 mm) oder Hirseschalen, ca. 5,5 Liter (zum Füllen)
Farblich passendes Nähgarn
Schneiderkreide oder Trickmarker, Stecknadeln, Schneiderschere

**1.** Schneiden Sie alle Teile gemäß den Vorlagen auf dem Schnittmusterbogen aus den Stoffstücken zu. Übertragen Sie die Markierungen auf den Stoff. Nun legen Sie die Kissenoberseite mit der rechten Stoffseite nach oben vor sich hin, die Kissenunterseite kommt rechts auf rechts darauf.

**2.** Stecken Sie die Stoffstücke auf dem flach gewölbten Abschnitt zwischen den seitlichen Markierungen aufeinander und nähen Sie sie anschließend zusammen.

**3.** Klappen Sie die Arbeit auf und stecken Sie die Kissenrückseite an die obere Rundung der Kissenoberseite. Die Stoffe liegen dabei rechts auf rechts. Nähen Sie die Stoffe genau zwischen den seitlichen Markierungen zusammen.

**4.** Stecken Sie nun die Kissenunterseite an die Rückseite und schließen Sie auch diese Naht, belassen Sie dabei eine etwa 15 cm lange Wendeöffnung.

**5.** Wenden Sie das Kissen und befüllen Sie es mit Styroporkügelchen – fast ganz voll, sodass nur ein wenig Luft bleibt. Verwenden Sie hierfür am besten ein Glas, damit können Sie die Kügelchen ganz präzise einfüllen. Schließen Sie danach die Wendeöffnung mit der Nähmaschine.

Schwierigkeitsgrad: ***

# MARITIMES ANKERKISSEN

**Mit diesem Ankerkissen holen Sie sich ganz einfach maritimes Flair nach Hause – Ahoi!**

## Material

2 Stücke gewebter Baumwollstoff, je 35 x 45 cm (für den Anker)
Gewebter Baumwollstoff, 11 x 220 cm (ggf. zwei zusammengenähte Streifen à 110 cm Länge) (für den Rand)
Füllwatte
Farblich passendes Nähgarn
Schneiderkreide oder Trickmarker, Stecknadeln, Schneiderschere, Maßband, Geodreieck

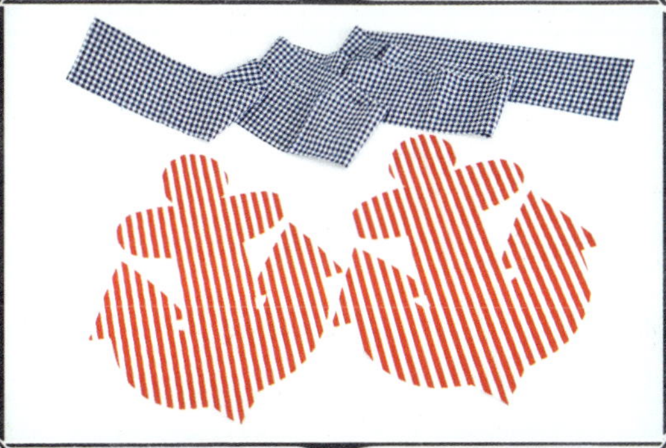

**1.** Schneiden Sie die Ankerform (Vorlage siehe Schnittmusterbogen) zweimal aus dem Stoff zu.

**2.** Zeichnen Sie sich die Linien, auf denen Sie später nähen werden (0,5 cm von der Schnittkante entfernt), auf der linken Stoffseite der beiden Ankerformen ein.

**3.** Stecken Sie nun den Randstreifen an einer Ankerform fest – die Stoffe liegen dabei rechts auf rechts. Beginnen Sie an der oberen Spitze des Ankers. Alle Biegungen und Ecken des Ankers schneiden Sie 0,5 cm innerhalb der Nahtzugabe ein, sodass diese sich gut um die Ecken legen lässt.

**4.** Nähen Sie nun den Randstreifen an der Ankerform fest. Nähen Sie dann die kurzen Seiten des Randstreifens zusammen.

**5.** Anschließend nähen Sie die zweite Ankerform rechts auf rechts an den Randstreifen. Stecken Sie vorher alles ordentlich mit Stecknadeln fest und kontrollieren Sie immer wieder den gleichmäßigen Sitz des Randstreifens. Belassen Sie eine etwa 8 cm lange Wendeöffnung am geraden Mittelstück des Ankers. Wenden Sie den Anker und stopfen Sie ihn mit Füllwatte aus. Schließen Sie dann die Wendeöffnung mit Matratzenstich wie auf Seite 6 beschrieben.

Schwierigkeitsgrad: ***

# ORIGAMI LOVE

Ein stylisches Kissen für Trendsetter! Das Herz im Origami-Look ist zwar etwas aufwendiger zu applizieren, dafür geht der Hotelverschluss dann aber ganz einfach von der Hand.

## Material:

3 Stücke gewebter Baumwollstoff, je 41 x 31 cm (für das Kissen)
Schwarzer gewebter Baumwollstoff, 20 x 15 cm (für die Applikation)
Neongelbes Paspelband, 150 cm lang
Vliesofix, 20 x 15 cm
Kisseninlay, 40 x 30 cm
Farblich passendes Nähgarn
Schneiderkreide oder Trickmarker, Stecknadeln, Schneiderschere, Maßband

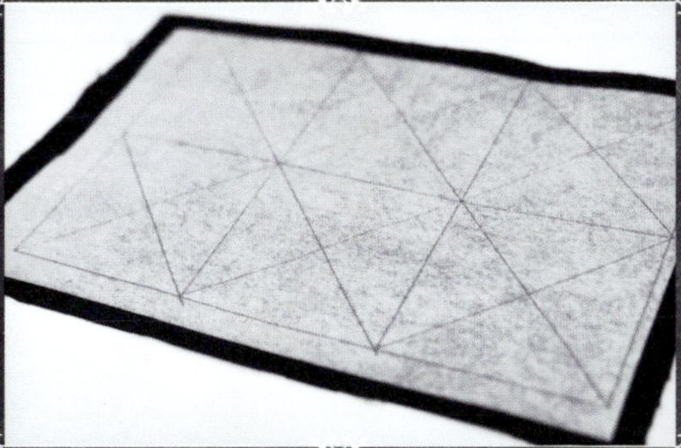

**1.** Zeichnen Sie auf die Rückseite des Vliesofix sechs 6 x 6 cm große Quadrate (der Einfachheit halber – für das Kissen benötigen Sie nur fünf Quadrate) und unterteilen Sie diese diagonal in je vier Dreiecke. Bügeln Sie das Vliesofix auf den schwarzen Stoff, schneiden Sie anschließend 20 Dreiecke aus und entfernen Sie das Vliesofix von den Dreiecken.

**2.** Markieren Sie auf einem der 41 x 31 cm großen Stoffstücke – es wird später die Vorderseite des Kissens – die Mitte und legen Sie von dort ausgehend die schwarzen Dreiecke mit etwas Abstand zueinander in Herzform auf. Bügeln Sie die Dreiecke fest und applizieren Sie sie anschließend einzeln entsprechend der Anleitung auf Seite 7.

**3.** Stecken Sie nun das Paspelband, an einer Stoffkante mittig beginnend, ringsherum auf der rechten Stoffseite fest.

**4.** Achten Sie dabei darauf, dass die Paspelschnur nach innen zeigt und die flache Seite mit der Stoffkante abschließt. Anfang und Ende des Paspelbands lassen Sie jeweils ein Stück überstehen.

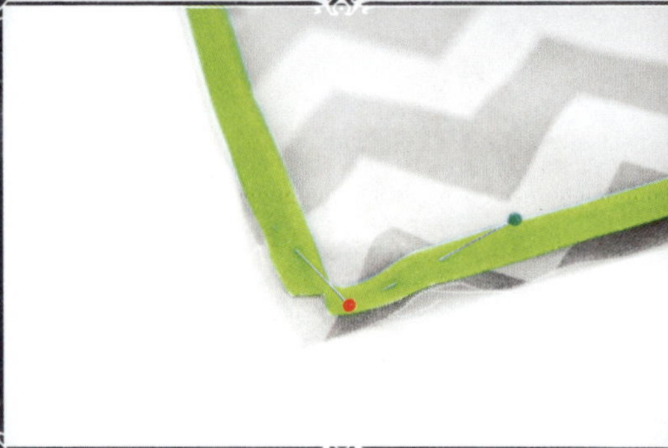

**5.** Schneiden Sie an den vier Ecken jeweils das Paspelband bis zur Paspelschnur hin ein, dann lässt es sich gut um die Ecken legen.

**6.** Nähen Sie nun das Paspelband direkt an der Paspelschnur entlang auf der rechten Stoffseite fest. Verwenden Sie hierfür am besten den Reißverschlussfuß Ihrer Nähmaschine.

**7.** Nun geht es an die Kissenrückseite: Bügeln Sie bei einem der verbliebenen Stoffstücke – es wird später zum oberen Teil der Kissenrückseite – die untere Kante 1 cm zur linken Stoffseite um. Dann schlagen Sie die Kante nochmals 1 cm um, bügeln sie erneut und nähen den entstandenen Saum etwa 1 cm vom unteren Rand entfernt fest. Bearbeiten Sie das andere Stoffstück, welches später zum unteren Teil der Kissenrückseite wird, ebenso, nur dass Sie hier die obere Kante säumen.

**8.** Legen Sie nun die Vorderseite des Kissens mit der rechten Stoffseite nach oben vor sich hin und legen Sie zuerst den oberen Teil der Kissenrückseite rechts auf rechts darauf.

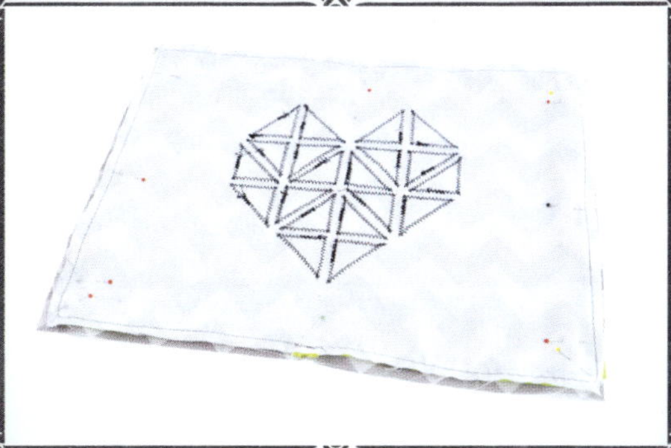

**9.** Legen Sie nun den unteren Teil der Kissenrückseite ebenfalls mit der rechten Stoffseite nach unten darauf, stecken Sie die drei Teile zusammen und drehen Sie die Arbeit einmal um, sodass Sie nun die linke Stoffseite des Vorderteils vor sich liegen haben.

**10.** Nähen Sie nun das Kissen ringsherum zusammen. Nähen Sie dabei genau auf der Naht, mit der Sie in Schritt 6 die Paspel angenäht haben (oder sogar ein Stück links dieser Naht – dabei wird die Paspel ein wenig weggedrückt).

**11.** Nun den Kissenbezug auf rechts wenden und bügeln, fertig!

Schwierigkeitsgrad: ***

# RELAX!

**Dieser Würfel sagt Ihnen, was zu tun ist: einfach mal relaxen! Das fällt auf der mit bunten Farbspritzern versehenen Sitzgelegenheit garantiert nicht schwer. Also, Füße hoch und entspannen!**

## Material:

**4 Stücke gemusterter gewebter Baumwollstoff, je 32,0 x 33,5 cm (für die Seiten)**
**2 Stücke gewebter Baumwollstoff, je 33 x 33 cm (für die Ober- und Unterseite)**
**Gewebter Baumwollstoff, 25 x 15 cm (für die Applikation)**
**3 Stücke Klettverschluss, Hakenseite, je 29 cm lang**
**2 Stücke Klettverschluss, Flauschseite, je 25 cm lang**
**Klettverschluss, Flauschseite, 29 cm lang**
**Vliesofix, 25 x 15 cm**
**Schaumstoffwürfel, 30 x 30 x 30 cm**
**Textilfarbe, Pinsel**
**Farblich passendes Nähgarn**
**Schneiderkreide oder Trickmarker, Stecknadeln, Schneiderschere, Maßband, Geodreieck**

**1.** Verzieren Sie die 33 x 33 cm große Würfeloberseite mit Spritzern von Textilfarbe (hierbei die Hinweise des Herstellers beachten). Machen Sie das am besten im Garten oder auf einer großen Unterlage.

**2.** Applizieren Sie anschließend den Schriftzug „relax" wie auf Seite 7 beschrieben an gewünschter Position auf den Stoff.

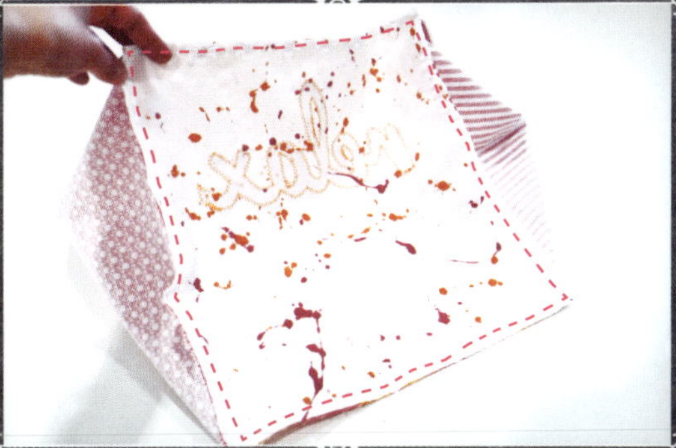

**3.** Nähen Sie nun die vier 32,0 x 33,5 cm großen Stoffstücke an den längeren Kanten zu einer Reihe zusammen (dafür legen Sie die zu verbindenden Stoffstücke jeweils rechts auf rechts). Nähen Sie dann die beiden langen Kanten des Streifens zusammen, sodass ein Ring entsteht, bei dem die linke Stoffseite nach außen zeigt.

**4.** Nähen Sie anschließend die Würfeloberseite rechts auf rechts an den Ring. Achten Sie dabei darauf, dass die Ecken der Würfeloberseite direkt auf die vier Nähte des Rings treffen. Am besten nähen Sie hierzu an den Ecken genau bis zur Ringnaht, heben den Nähfuß bei versenkter Nadel an, drehen die Arbeit um 90 Grad und nähen dann bis zur nächsten Ecke weiter.

**5.** Schneiden Sie die drei Klettverschlussstücke mit Hakenseite beidseitig im 45-Grad-Winkel ab, sodass ganz flache Trapeze entstehen. Durch die Abschrägung passt sich der Bezug später dem Schaumstoffwürfel besser an.

**6.** Nähen Sie die so vorbereiteten Klettverschlussstücke auf die Seitenteile des Würfelbezugs, und zwar jeweils 1 cm oberhalb der unteren Kante auf die rechte Stoffseite. Ein Seitenteil bleibt ohne Klettverschluss.

**7.** Jetzt nehmen Sie sich die Würfelunterseite vor: Bügeln Sie drei Seiten des Stoffstücks jeweils 1 cm zur linken Stoffseite hin um. Nähen Sie dann die Flauschseiten des Klettverschlusses an: Das 29 cm lange Stück kommt direkt an die untere Kante, die beiden 25 cm langen Stücke direkt an die Seitenkanten. Setzen Sie die kürzeren Stücke direkt an das lange Stück an. An der oberen, nicht umgeklappten Stoffseite bleiben etwa 4 cm frei.

**8.** Nun stecken Sie die Würfelunterseite mit der Seite ohne Klettstreifen rechts auf rechts auf das Seitenteil ohne Klettstreifen und nähen Sie die Teile 2 cm vom unteren Rand entfernt zusammen.

**9.** Wenden Sie den Bezug auf die rechte Seite und legen Sie den Schaumstoffwürfel ein.

Schwierigkeitsgrad: **

# BLUMENWIESE

**Dank des dekorativen Knopfverschlusses ist dieses blumige Kissen auch von hinten betrachtet eine echte Augenweide. So können Sie immer ganz schnell umdekorieren.**

## Material:

Gewebter Baumwollstoff, 41 x 41 cm (für die Vorderseite)
2 Stücke gewebter Baumwollstoff, je 41 x 29 cm (für die Rückseite)
3 Kreise aus gewebtem Baumwollstoff, 18, 12 und 9 cm Durchmesser (für die Stoffblüten)
2 Streifen Vlieseline H 250, je 41 x 5 cm
3 Knöpfe, Durchmesser ca. 4 cm
3 Knöpfe, Durchmesser ca. 1,5 cm
3 Stücke Zackenlitze, 16, 22 und 30 cm lang
Kisseninlay, 40 x 40 cm
Farblich passendes Nähgarn
Nähnadel, Nähgarn oder Heftfaden, spitze Stickschere
Schneiderkreide oder Trickmarker, Stecknadeln, Schneiderschere, Maßband

**1.** Bügeln sie je einen Vlieselinestreifen auf die linke Stoffseite der beiden 41 x 29 cm großen Stoffstücke auf, und zwar mit 1 cm Abstand zu einer langen Kante. Falten Sie dann die überstehenden 1 cm breiten Stoffstreifen zur Vlieseline hin um und bügeln Sie die Kanten.

**2.** Falten Sie nun die mit Vlieseline verstärkten Stoffstreifen zur linken Stoffseite hin um und bügeln Sie die Kanten.

**3.** Nähen Sie diese Streifen knappkantig fest. Die so vorbereiteten Stoffstücke bilden später die Rückseite des Kissens.

**4.** Bei einem der vorbereiteten Stoffstücke zeichnen Sie nun auf den verstärkten Streifen mittig ein 5 cm langes Knopfloch ein, dann mit einem Abstand von je 5 cm links und rechts davon zwei weitere, ebenso große Knopflöcher. Nähen Sie jeweils ein ganz schmales Rechteck um die Knopflochmarkierungen. Die Nähmaschine sollte dafür auf den Knopflochstich eingestellt sein, alternativ geht auch ein enger Zickzackstich. Schneiden Sie anschließend die Knopflöcher mit einer spitzen Schere auf.

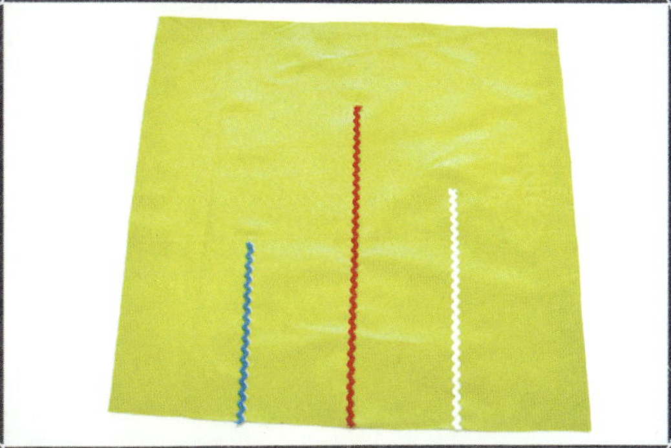

**5.** Nähen Sie die Zackenlitze als Blumenstiele auf die rechte Stoffseite der 41 x 41 cm großen Kissenvorderseite.

**6.** Bereiten Sie nun die Stoffblüten vor: Falten Sie dafür die Ränder der Stoffkreise 3–4 mm zur linken Stoffseite hin um, nähen Sie sie von Hand mit großen Heftstichen fest und ziehen Sie schließlich an den Fadenenden, um die Blüten zu formen. Nähen Sie die Blüten von Hand an die oberen Enden der Blumenstiele auf der Kissenvorderseite. Die Öffnung in der Mitte der Blüten wird mit je einem kleinen Knopf verdeckt.

**7.** Legen Sie nun den oberen Teil der Kissenrückseite (mit den Knopflöchern) rechts auf rechts auf die Kissenvorderseite. Dann legen Sie den unteren Teil der Kissenrückseite rechts auf rechts auf die Kissenvorderseite. Nähen Sie das Kissen an den Seiten zusammen und wenden Sie es auf rechts.

**8.** Nähen Sie abschließend die drei größeren Knöpfe, passend zu den Knopflöchern, von Hand an den unteren Teil der Kissenrückseite.

Schwierigkeitsgrad: *

# ON TOUR

Nackenhörnchen sind für große und kleine Reisende ein wunderbarer Luxus. Da lässt man in Auto, Bahn und Flugzeug doch gerne mal die Augen zufallen ... und wacht entspannt wieder auf.

## Material:

2 Stücke gewebter Baumwollstoff, je 40 x 35 cm (für ein Kinder-Nackenhörnchen)
bzw. 45 x 40 cm (für ein Erwachsenen-Nackenhörnchen)
Füllwatte
Ggf. unterschiedliche Bänder, je ca. 10 cm lang
Farblich passendes Nähgarn
Schneiderkreide oder Trickmarker, Stecknadeln, Schneiderschere, Maßband

**1.** Schneiden Sie die Nackenhörnchenform (Vorlage siehe Schnittmusterbogen) in der gewählten Größe zweimal aus dem Stoff zu. Legen Sie ein Stoffstück mit der rechten Stoffseite nach oben vor sich hin. Wenn Sie Bänder (mit denen Kinder beim Einschlafen sehr gerne spielen) einarbeiten möchten, platzieren Sie diese, wie im Bild gezeigt.

**2.** Legen Sie dann das zweite Stoffstück rechts auf rechts darauf.

**3.** Nähen Sie das Nackenhörnchen ringsherum zusammen. Belassen Sie dabei eine etwa 10 cm lange Wendeöffnung in der Mitte der äußeren Rundung. Schneiden Sie die Nahtzugabe der inneren Rundung mehrmals bis knapp vor die Naht ein und versäubern Sie die Arbeit anschließend mit Zickzackstich.

**4.** Wenden Sie das Nackenhörnchen auf rechts, bügeln Sie es und füllen Sie es sehr fest mit Füllwatte. Schließen Sie die Wendeöffnung mit dem Matratzenstich (siehe Seite 6).

Schwierigkeitsgrad: *

# WEHWEH ADE!

**Erst den Stoff mit Kartoffeldruck ganz individuell verzieren und dann die schönsten Kirschkernkissen für Kleine und Große daraus nähen – da haben Bauchweh, Nackenverspannungen und Fröstelei keine Chance mehr!**

## Material für ein kleines Kissen:

**Heller gewebter Baumwollstoff mit Kartoffeldruck, 21 x 16 cm (für die Vorderseite)**
**Gemusterter gewebter Baumwollstoff, 21 x 16 cm (für die Rückseite)**
**200 g Kirschkerne (zum Füllen)**
**Farblich passendes Nähgarn**
**Schneiderkreide oder Trickmarker, Stecknadeln, Schneiderschere, Maßband**

## Material für ein großes Kissen:

**Heller gewebter Baumwollstoff mit Kartoffeldruck, 51 x 26 cm (für die Vorderseite)**
**Gemusterter gewebter Baumwollstoff, 51 x 26 cm (für die Rückseite)**
**500 g Kirschkerne (zum Füllen)**
**Farblich passendes Nähgarn**
**Schneiderkreide oder Trickmarker, Stecknadeln, Schneiderschere, Maßband**

# KARTOFFELDRUCK

## Material für den Kartoffeldruck:

**Kartoffeln**
**Textilfarben**
**Scharfes Messer**
**Filzstift, Pinsel**

**1.** Halbieren Sie eine Kartoffel, zeichnen Sie das gewünschte Motiv mit Filzstift auf und schneiden Sie es anschließend vorsichtig mit dem Messer aus. Dann bepinseln Sie den Stempel möglichst gleichmäßig mit Textilfarbe.

**2.** Bedrucken Sie Ihren hellen Stoff nach Lust und Laune. Lassen Sie die Farbe gut trocknen und fixieren Sie sie anschließend laut Herstellerangaben.

# KLEINES KIRSCHKERNKISSEN

**1.** Runden Sie die Ecken der beiden Stoffstücke mithilfe eines Glases ab.

**2.** Legen Sie die beiden Stoffstücke rechts auf rechts aufeinander.

**3.** Nähen Sie alle vier Kanten zusammen, belassen Sie dabei eine etwa 10 cm lange Wendeöffnung in der Mitte einer langen Kante.

**4.** Wenden Sie das Kissen auf rechts und bügeln Sie es. Füllen Sie anschließend durch die Wendeöffnung die Kirschkerne ein.

**5.** Steppen Sie das Kissen nun noch einmal ringsherum knappkantig ab. Dabei wird die Wendeöffnung geschlossen und die Naht gesichert, damit keine Kirschkerne verloren gehen können!

# GROSSES KIRSCHKERNKISSEN

**1.** Folgen Sie zunächst der Anleitung für den Kartoffeldruck auf Seite 37.

**2.** Legen Sie die beiden 51 x 26 cm Stoffstücke rechts auf rechts aufeinander und nähen Sie die kurzen sowie eine der langen Kanten zusammen. Die andere lange Kante schließen seitlich je 2 cm.

**3.** Wenden Sie das Kissen auf rechts und markieren Sie entlang der langen Kanten fünf Abschnitte von jeweils 10 cm Breite. Das werden die Kammern für die Kirschkerne.

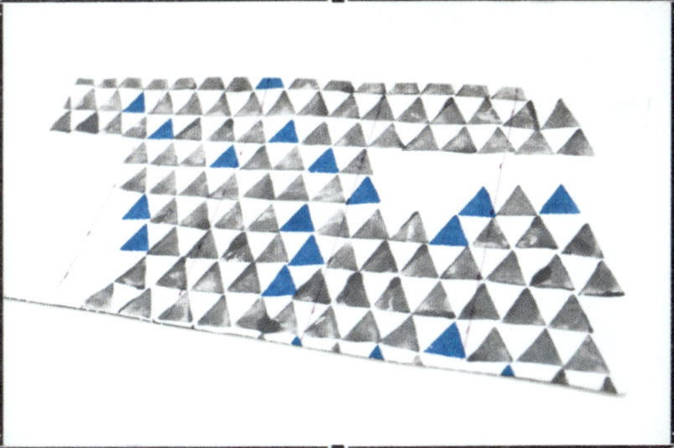

**4.** Nähen Sie die Kammern auf der rechten Stoffseite gerade ab.

**5.** Füllen Sie in jede Kammer 100 g Kirschkerne ein und steppen Sie das Kissen anschließend noch einmal ringsherum knappkantig ab. Dabei wird die Wendeöffnung geschlossen und die Naht gesichert.

Schwierigkeitsgrad: *

# RELAXEN MIT DEN LIEBSTEN

**Familienporträt mal anders: Warum die Fotos nur auf der Festplatte horten? Lustig bearbeitet und mittels Textilfolie auf Stoff gedruckt, können Sie Ihre Liebsten jetzt immer bei sich haben – zum Kuscheln, Knutschen und Knautschen.**

## Material:

**Bedruckbare Bügel-/Transferfolie für helle Textilien**
**Weißer gewebter Baumwollstoff, ca. 20 x 30 cm (für die Vorderseite)**
**Gemusterter gewebter Baumwollstoff, ca. 20 x 30 cm (für die Rückseite)**
**Füllwatte**
**Farblich passendes Nähgarn**
**Stecknadeln, Schneiderschere**

**1.** Bearbeiten Sie Ihre Fotos am Computer wie gewünscht – zum Beispiel durch Hinzufügen lustiger Elemente und Sprechblasen. Drucken Sie Ihre Fotos im DIN-A4-Format auf die Bügel-/Transferfolie und bügeln Sie diese anschließend gemäß Herstellerangabe auf den weißen Stoff. Schneiden Sie das Motiv wie gewünscht aus. Sie können jetzt auch noch Applikationen (siehe Seite 7) auf dem Motiv anbringen, zum Beispiel einen Hut oder andere Accessoires.

**2.** Legen Sie den Stoff für die Rückseite mit der rechten Seite nach oben vor sich, der mit dem Foto bedruckte Stoff kommt rechts auf rechts darauf.

**3.** Nähen Sie die beiden Teile zusammen, belassen Sie dabei eine etwa 10 cm lange Wendeöffnung. Schneiden Sie die Nahtzugabe des Rückseitenstoffs passgenau zur bedruckten Vorderseite aus und versäubern Sie die Nahtzugaben anschließend mit dem Zickzackstich.

**4.** Nun das Kissen auf rechts wenden, bügeln und mit der Füllwatte ausstopfen. Zum Schluss nähen Sie die Wendeöffnung mit dem Matratzenstich zusammen, wie auf Seite 6 erklärt.

Schwierigkeitsgrad: ***

# BUCHSTÄBLICH KUSCHELIG

**Diese ABC-Kissen sind ein Eyecatcher in jedem Raum! Je nachdem, welche Schriftarten und Stoffmuster Sie sich aussuchen, wird ein lustig-verspieltes oder ein klassisch-elegantes Alphabet daraus.**

## Material:

**Buchstabenvorlagen in gewünschter Größe**
**2 Stücke gewebter Baumwollstoff, Maße je nach Buchstabengröße (für die Vorder- und Rückseite)**
**Gewebter Baumwollstoff, etwa 11 cm breit, Länge je nach Buchstabengröße (für den Rand)**
**Füllwatte**
**Farblich passendes Nähgarn**
**Schneiderkreide oder Trickmarker, Stecknadeln, Schneiderschere, Maßband**

**1.** Erstellen Sie am Computer eine Buchstabenvorlage oder zeichnen Sie sie einfach von Hand. Vergrößern Sie die Vorlage bei Bedarf noch am Kopierer, etwa auf DIN-A3-Format.

**2.** Übertragen Sie Ihre Vorlage zweimal auf die Stoffstücke für Vorder- und Rückseite des Kissens, einmal richtig herum und einmal spiegelverkehrt. Messen Sie die Außenkante der Buchstabenform ringsherum mit dem Maßband ab. Schneiden Sie den 11 cm breiten Stoffstreifen in der gemessenen Länge + 5 cm zu. Messen Sie ggf. auch im Buchstaben liegende Kanten ab (wie z. B. beim Buchstaben „a“) und schneiden Sie auch hierfür entsprechend lange (+ 5 cm) Stoffstreifen zu.

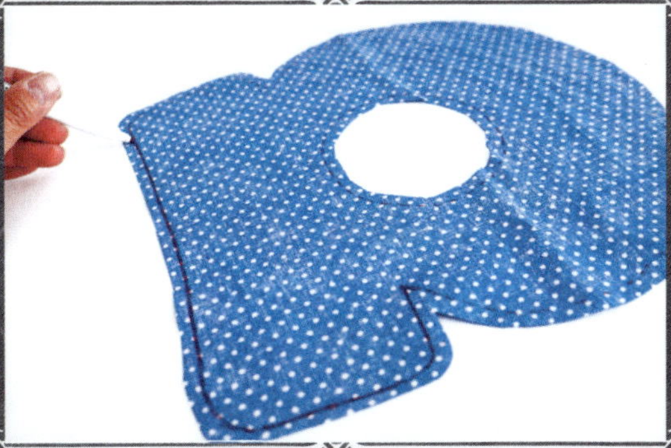

**3.** Zeichnen Sie zunächst die Linie, auf der Sie später nähen werden, auf der linken Stoffseite der beiden Buchstabenformen an – 0,5 cm vom Rand entfernt.

**4.** Legen Sie die obere Buchstabenform, die später die Vorderseite wird, so vor sich hin, dass die rechte Stoffseite nach oben zeigt. Legen Sie anschließend den Stoffstreifen für die im Buchstaben liegende Kante rechts auf rechts auf den Stoff und stecken Sie ihn ringsherum gut fest.

**5.** Dabei stülpen Sie den Stoff der Buchstabenform in die rechte Stoffseite des Stoffrings. Schließen Sie nun zuerst die kurze Seite des Stoffrings und nähen Sie dann den Stoffring an die Buchstabenform an.

**HINWEIS:**
Buchstaben ohne innenliegende Kante arbeiten Sie wie beschrieben, nur dass Sie bei Schritt 9 eine etwa 10 cm lange Wende- und Füllöffnung belassen, die Sie nach dem Füllen mit Füllwatte mit dem Matratzenstich schließen

**7.** Wenn Sie den Stoff ringsherum festgesteckt haben, nähen Sie zunächst die kurzen Kanten des Randstreifens zusammen.

**6.** Legen Sie nun den Stoffstreifen für den äußeren Rand des Buchstabens an und stecken Sie ihn ringsherum gut fest. Alle Biegungen und Ecken des Buchstabens schneiden Sie 0,5 cm innerhalb der Nahtzugabe ein, sodass diese sich geschmeidig um die Ecken legen lässt.

**8.** Nähen Sie anschließend den Randstreifen an den Buchstaben an, nähen Sie dabei auf der eingezeichneten Linie. Dann schneiden Sie den Randstreifen auf der gegenüberliegenden Seite an allen Ecken und Biegungen mit kurzen Schnitten ein.

**9.** Stecken Sie dann die zweite Buchstabenform rechts auf rechts an den äußeren Randstreifen (orientieren Sie sich dabei an den eben gemachten Einschnitten) und nähen Sie sie fest.

**10.** Wenden Sie das Buchstabenkissen auf rechts, ziehen Sie den inneren Randstreifen nach oben und schlagen Sie ihn zur linken Stoffseite hin um. Stecken Sie ihn anschließend an die Buchstabenform und nähen Sie die beiden Teile von rechts mit dem Matratzenstich (siehe Seite 6) zusammen, belassen Sie dabei eine etwa 10 cm lange Füllöffnung. Füllen Sie den Buchstaben mit Füllwatte und schließen Sie die Füllöffnung mit dem Matratzenstich

Schwierigkeitsgrad: ***

# OMIS LIEBSTES

Solche Kissen kennen wir wohl alle noch aus unserer Kindheit. In der modernen Version mit buntem Häkeldeckchen macht sich der nostalgische Klassiker auch heute wieder richtig gut auf unserer Couch!

## Material für das Kissen:

**Gewebter Baumwollstoff, 80 x 80 cm**
**Kordel (Durchmesser 2 mm), 60 cm lang**
**Füllwatte**
**Sicherheitsnadel**
**Farblich passendes Nähgarn**
**Schneiderkreide oder Trickmarker, Stecknadeln, Schneiderschere, Maßband, Geodreieck**

# HÄKELDECKCHEN

## Material für das Häkeldeckchen:

**Bunte Wollreste**
**Häkelnadel, Stärke passend zur Wolle**
**Wollnadel**

Es wird in Runden gehäkelt. Am Anfang jeder Stb-Runde häkeln Sie 3 Lm als Steigeluftmaschen (diese ersetzen das erste Stb). Am Anfang jeder fM-Runde häkeln Sie 1 Lm als Steigeluftmasche. Schließen Sie die Runden mit jeweils einer Km in die 3. Lm des Rundenanfangs (bei den Stb-Runden) bzw. in die 1. fM des Rundenanfangs (bei den fM-Runden). Sie können nach jeder Runde die Wollfarbe wechseln oder das Deckchen einfarbig häkeln.

### ABKÜRZUNGEN:

fM = feste Masche

Km = Kettmasche

Lm = Luftmasche

M = Masche

Stb = Stäbchen

Beginn: 4 Lm häkeln und mit 1 Km zum Ring schließen.

1. Runde: 10 Stb in den Ring häkeln.
2. Runde: 2 fM in jede M häkeln = 20 M.
3. Runde: Stb häkeln, dabei jede 2. M verdoppeln = 30 M.
4. Runde: fM häkeln, dabei jede 3. M verdoppeln = 40 M.
5. Runde: Stb häkeln, dabei jede 4. M verdoppeln = 50 M.
6. Runde: fM häkeln, dabei jede 5. M verdoppeln = 60 M.
7. Runde: Stb häkeln, dabei jede 6. M verdoppeln = 70 M.
8. Runde: fm häkeln, dabei jede 7. M verdoppeln = 80 M.
9. Runde: Stb häkeln, dabei jede 8. M verdoppeln = 90 M.
10. Runde: fM häkeln, dabei jede 9. M verdoppeln = 100 M.

Zum Schluss alle Fäden vernähen.

Schwierigkeitsgrad: ***

# OMIS LIEBSTES

**Solche Kissen kennen wir wohl alle noch aus unserer Kindheit. In der modernen Version mit buntem Häkeldeckchen macht sich der nostalgische Klassiker auch heute wieder richtig gut auf unserer Couch!**

## Material für das Kissen:

**Gewebter Baumwollstoff, 80 x 80 cm**
**Kordel (Durchmesser 2 mm), 60 cm lang**
**Füllwatte**
**Sicherheitsnadel**
**Farblich passendes Nähgarn**
**Schneiderkreide oder Trickmarker, Stecknadeln, Schneiderschere, Maßband, Geodreieck**

# HÄKELDECKCHEN

## Material für das Häkeldeckchen:

**Bunte Wollreste**
**Häkelnadel, Stärke passend zur Wolle**
**Wollnadel**

Es wird in Runden gehäkelt. Am Anfang jeder Stb-Runde häkeln Sie 3 Lm als Steigeluftmaschen (diese ersetzen das erste Stb). Am Anfang jeder fM-Runde häkeln Sie 1 Lm als Steigeluftmasche. Schließen Sie die Runden mit jeweils einer Km in die 3. Lm des Rundenanfangs (bei den Stb-Runden) bzw. in die 1. fM des Rundenanfangs (bei den fM-Runden). Sie können nach jeder Runde die Wollfarbe wechseln oder das Deckchen einfarbig häkeln.

### ABKÜRZUNGEN:

fM = feste Masche
Km = Kettmasche
Lm = Luftmasche
M = Masche
Stb = Stäbchen

Beginn: 4 Lm häkeln und mit 1 Km zum Ring schließen.

1. Runde: 10 Stb in den Ring häkeln.
2. Runde: 2 fM in jede M häkeln = 20 M.
3. Runde: Stb häkeln, dabei jede 2. M verdoppeln = 30 M.
4. Runde: fM häkeln, dabei jede 3. M verdoppeln = 40 M.
5. Runde: Stb häkeln, dabei jede 4. M verdoppeln = 50 M.
6. Runde: fM häkeln, dabei jede 5. M verdoppeln = 60 M.
7. Runde: Stb häkeln, dabei jede 6. M verdoppeln = 70 M.
8. Runde: fm häkeln, dabei jede 7. M verdoppeln = 80 M.
9. Runde: Stb häkeln, dabei jede 8. M verdoppeln = 90 M.
10. Runde: fM häkeln, dabei jede 9. M verdoppeln = 100 M.

Zum Schluss alle Fäden vernähen.

# KISSEN

**1.** Legen Sie den Stoff mit der linken Stoffseite nach oben vor sich hin und falten Sie ihn mittig. Erneut falten, sodass ein 40 x 40 cm großes Quadrat entsteht. Markieren Sie mithilfe von Maßband und Schneiderkreide oder Trickmarker einen Viertelkreis mit einem Radius von 40 cm auf der obersten Stofflage, wobei der Ausgangspunkt des Viertelkreises an der Ecke des Quadrats liegt, an der die Falze sich kreuzen. Schneiden Sie den Viertelkreis entlang der Rundung aus und entfalten Sie den Stoff – Sie haben nun einen Kreis mit 80 cm Durchmesser.

**2.** Schlagen Sie nun den Rand des Kreises erst 1 cm und dann nochmals 1,5 cm zur linken Stoffseite hin ein und säumen Sie den Kreis. Lassen Sie bei dieser Naht etwa 2 cm offen, um anschließend hier die Kordel einzuziehen. Befestigen Sie dafür am Anfang der Kordel eine große Sicherheitsnadel und schieben Sie diese Stück für Stück durch den entstandenen Schlauch.

**3.** Ziehen Sie die Kordel zusammen, dabei bildet sich automatisch die runde Kissenform. Stopfen Sie das Kissen mit Füllwatte aus und verknoten Sie die Kordel anschließend. Schneiden Sie die überstehende Kordel ab.

**4.** Nähen Sie zuletzt das Häkeldeckchen von Hand über die Öffnung des Kissens.

# ÜBER DIE AUTORIN

Yvonne Jahnke ist verheiratet und Mutter von zwei Kindern. Nach der Geburt ihrer Tochter sprang sie mit Feuereifer auf die DIY-Welle auf – immer auf der Suche nach individuellen Lösungen für Kleidungsstücke und Accessoires, die sich von der Massenware abheben. Heute erstellt sie unter ihrem Label „leni pepunkt." anfängertaugliche Nähanleitungen und Schnitte, insbesondere für Damen- und Kinderbekleidung. Ihre eBOOKs und Unikate sind in ihrem Online-Shop und auf diversen Online-Plattformen erhältlich. Seit November 2011 führt Yvonne Jahnke außerdem ihr eigenes (Stoff-)Geschäft „die fadenfabrik" im Norden des Hamburger Speckgürtels.

Sie finden Yvonne Jahnke online unter www.leni-pepunkt.de oder www.die-fadenfabrik.de. Ihren Blog finden Sie unter www.leni-pepunkt.blogspot.de oder bei facebook unter www.facebook.com/leni.pepunkt.

# DANKE

Ich danke dem Verlag Edition Michael Fischer für die Möglichkeit, dieses Buch zu schreiben, und insbesondere der Lektorin Marie-Helene Steghöfer für die gute Zusammenarbeit während der Arbeit an diesem Buch.
Vielen Dank auch dem Möbelhaus „die Wäscherei" in Hamburg für die Möglichkeit, dort im Haus einige der Schmuckfotos zu machen.
Danke an Marion, Dirk, Nele, Fabi, Suse und Dennis für die kurzfristigen Fotosessions und an Petra für die ebenso kurzfristige Schnitterstellung.
Mama und Papa – danke, dass ihr mein „Business" zu jeder Zeit tatkräftig unterstützt. Was wäre ich nur ohne euch?
Danke an Lena und Piet, dass ihr immer Verständnis für die Liebe zu meinem Job habt (euch liebe ich immer 1000 Mal mehr!) und mich machen lasst – und danke an meinen Mann Lars für deine stetige Unterstützung, deine Mut machenden Worte und deinen Glauben an mich und meinen Traum.